PUSSYS WEIHNACHTS-FEST

Titel der Originalausgabe:
A Pussycat's Christmas
Text © Copyright 1949 Margaret Wise Brown
Text © copyright renewed 1977 by Roberta Brown Rauch
Illustrations © Copyright 1994 Anne Mortimer

First published in Great Britain in 1994 by
Frances Lincoln Limited, 4 Torriano Mews,
Torriano Ave., London NW5 2RZ

Published by arrangement with
HarperCollins Publishers, Inc.,
New York, New York, USA

Copyright der deutschen Ausgabe beim
FAVORIT-VERLAG, RASTATT

Ins Deutsche übertragen von
Günter Neidinger

PUSSYS WEIHNACHTSFEST

Von Margaret Wise Brown

Bilder: Anne Mortimer

Deutsche Fassung: Günter Neidinger

Es ging auf Weihnachten zu.
Pussy, die Katze, spürte es.
Nicht nur, weil draußen Schnee lag,
nein, sie merkte es auch an vielen
anderen Dingen.
Auf den Pfützen hatte sich eine dünne
Eisschicht gebildet, die klirrte,
wenn sie zerbrach. Ein kalter Wind
wehte, und die Luft roch genauso
wie letztes Jahr um diese Zeit.
Ja, wonach roch sie eigentlich?
Sie roch nach Weihnachtsbäumen.
Da war sich Pussy ganz sicher.

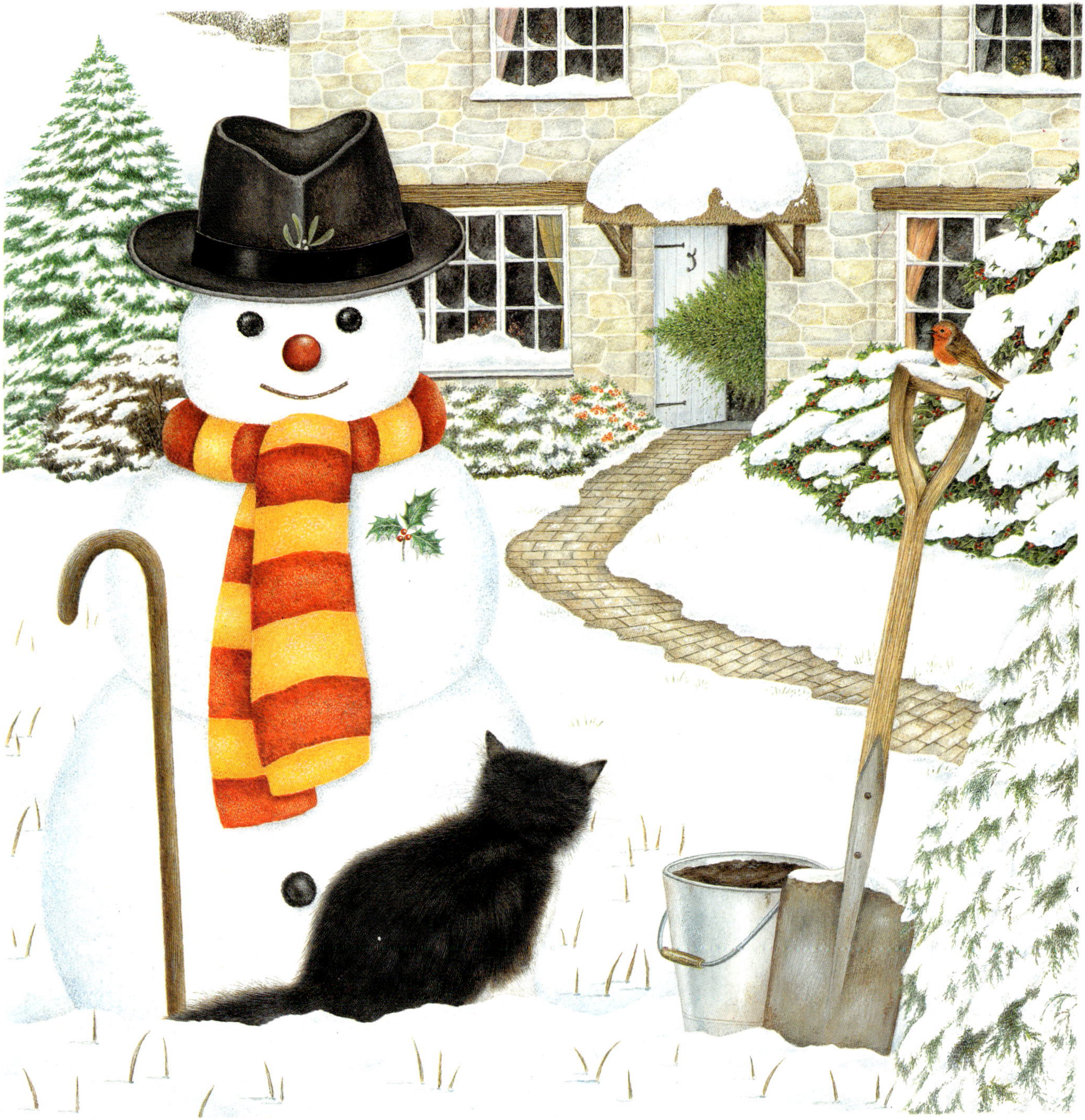

Und schnupperte sie nicht auch
den Duft von Mandarinen, Orangen,
Nüssen und Stechpalmen?
Und hörte sie nicht das feine Rascheln
von buntem Seidenpapier?
Ganz bestimmt hörte sie das.
Das Schneiden der Scheren.
Das Rascheln des
Geschenkpapiers.
Das Knacken der Nüsse.

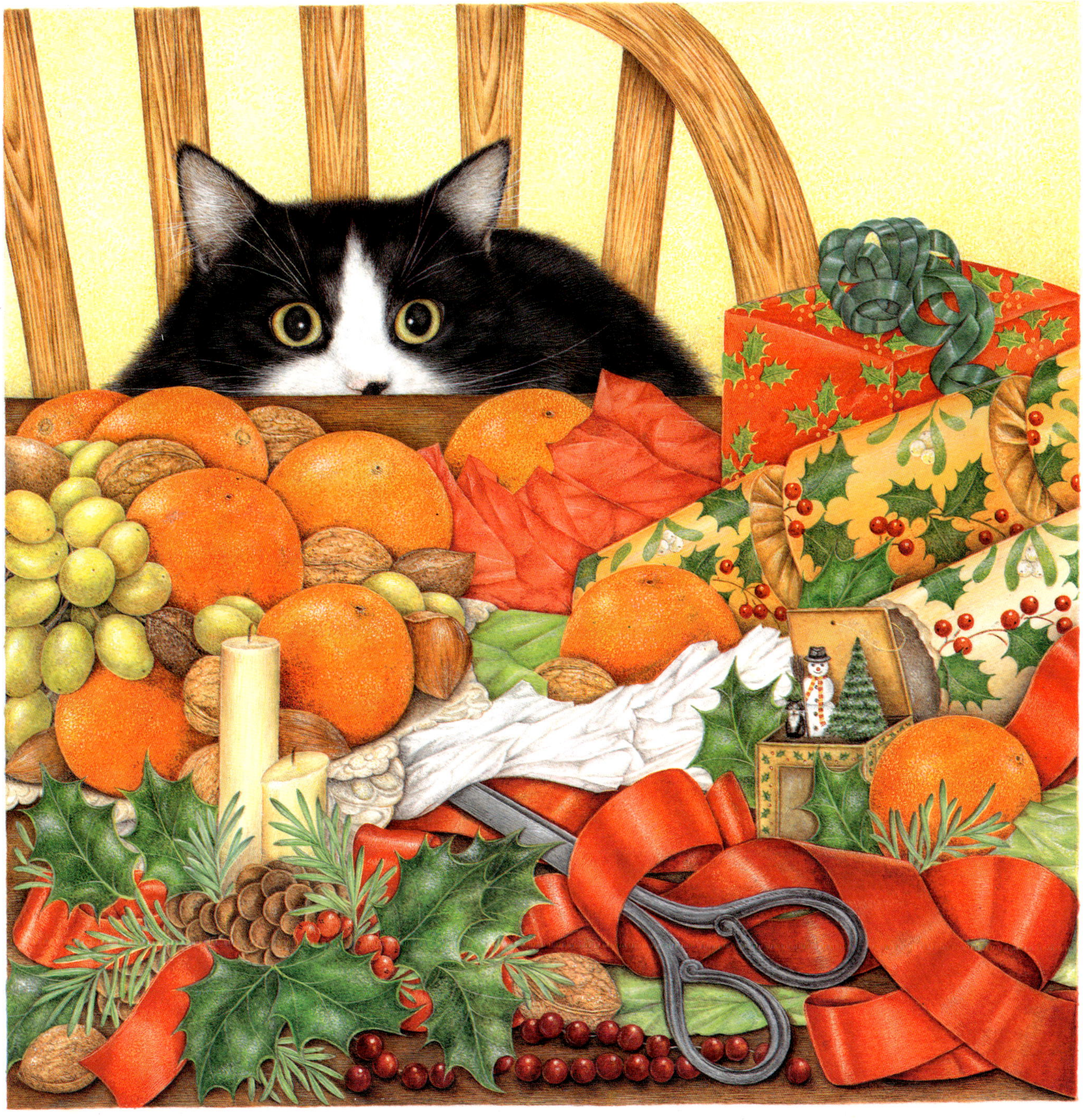

Brrrrrr!

Pussy saß am Fenster und spürte die kalte Abendluft. Noch schneite es nicht, aber es roch nach Schnee. Draußen wurde es dunkel!

Klick!

In der ganzen Stadt gingen die Straßenlampen an, und ganz leise begannen die Schneeflocken eine nach der anderen vom Himmel zu fallen.

Ihre feine Nase hatte sich nicht geirrt.

Es schneite.

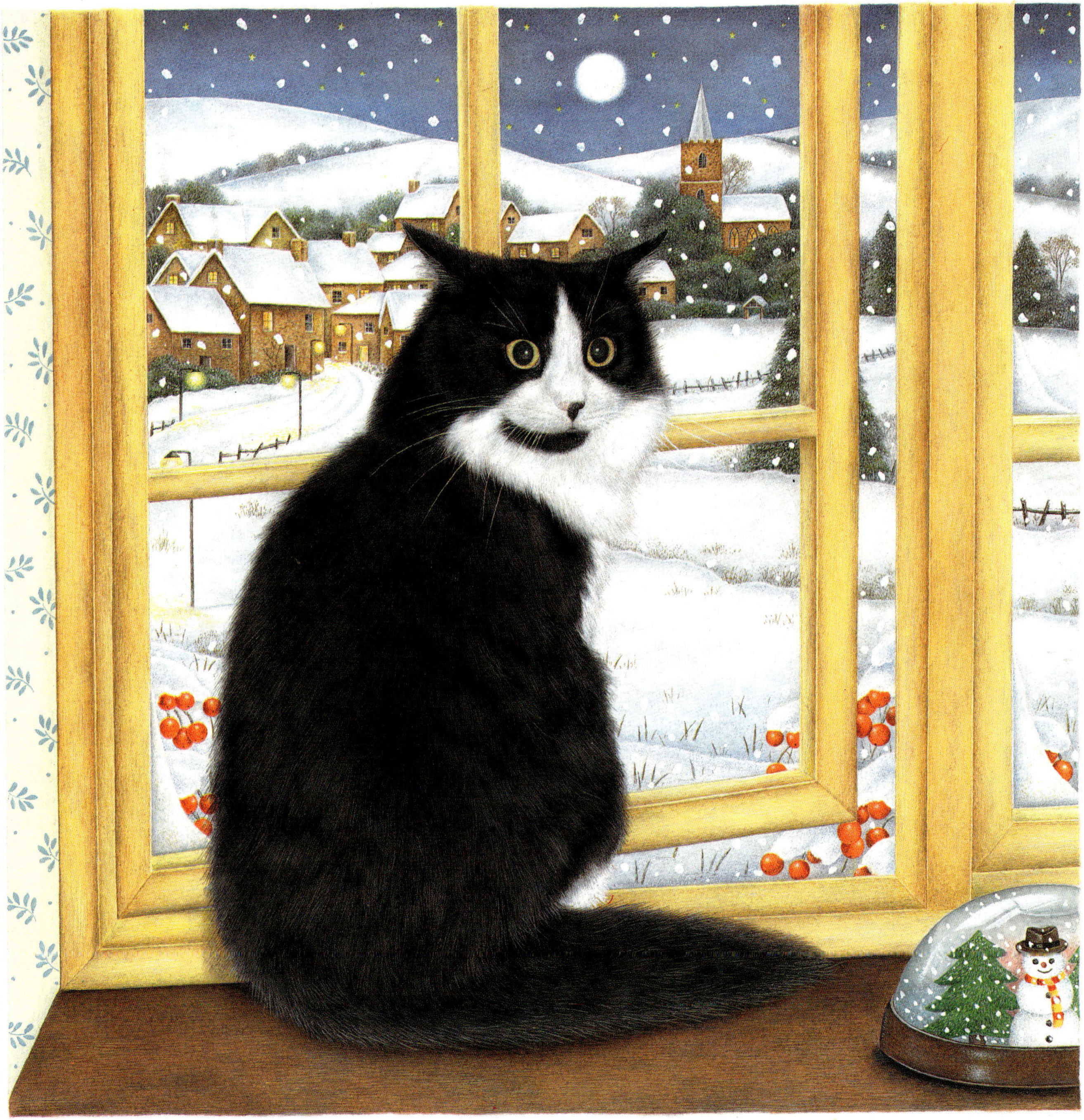

Schnee!
Pussy rannte hinaus in das Schneegestöber. Sie liebte den weißen, kalten, pulvrigen Schnee und die wild tanzenden, federleichten Schneeflocken.
Sie tollte im Schnee herum und sprang vor Freude in die Luft.
Sie schleckte auch davon.
Dann wälzte sich das Kätzchen im weichen Neuschnee. Wie gut das tat.
Als Pussy wieder aufstand, war sie voller Schnee.
Auf leisen Pfoten schlich sie davon.

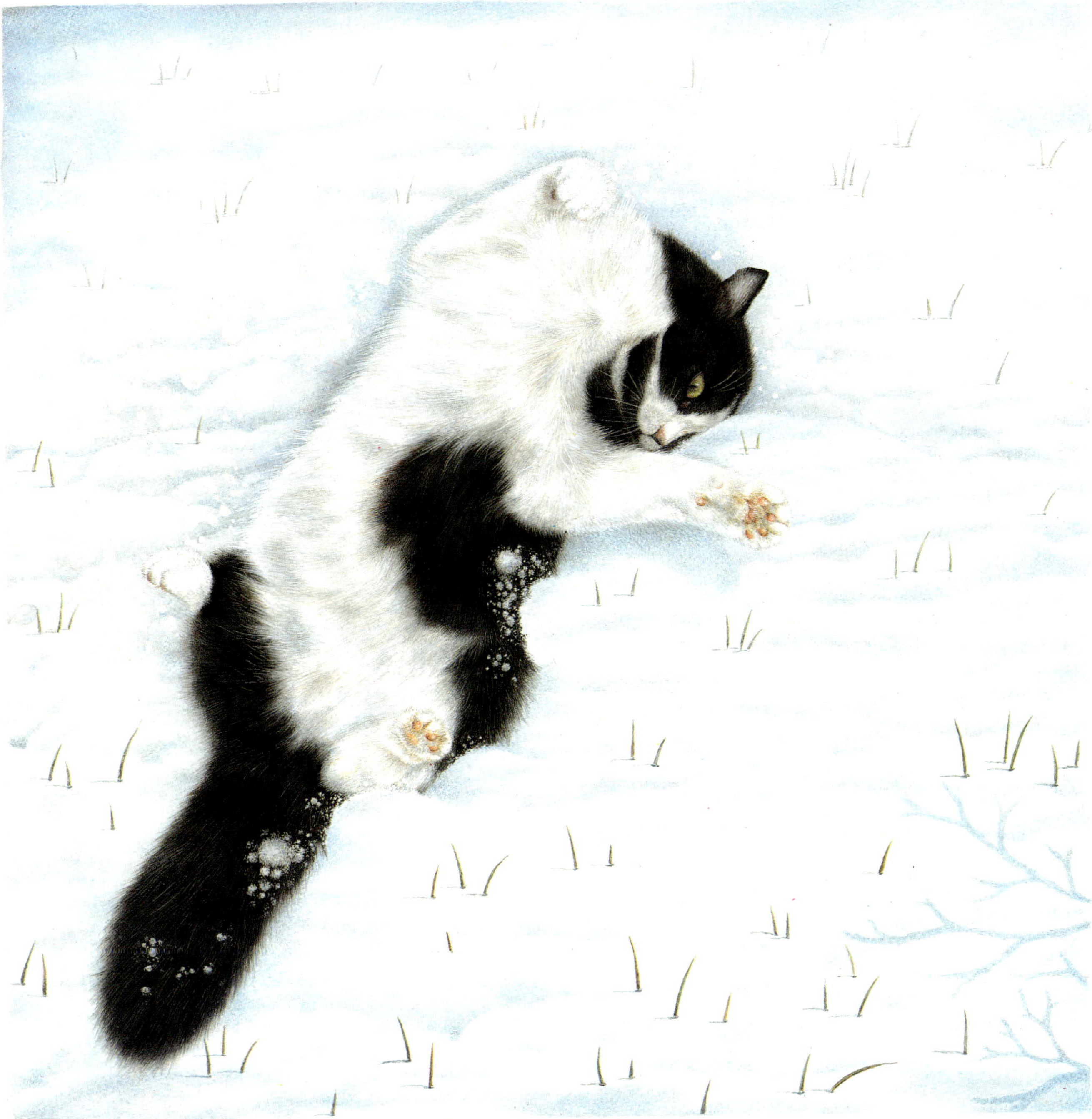

War da nicht ein feines Geräusch?
Pussy spitzte die Ohren. Es war
mäuschenstill. Da konnte die kleine
Katze das leiseste Geräusch hören.
Es war ein feines Klingen,
ein leises Flüstern – Schnee,
der von den Zweigen fiel.
Es kam Wind auf. Er rüttelte an
den Ästen.
Zeit für Pussy, wieder ins Haus
zu gehen, denn Wind mögen
kleine Katzen nicht so sehr.
Manche Katzen mögen auch
keinen Schnee, doch Pussy
mochte Schnee.

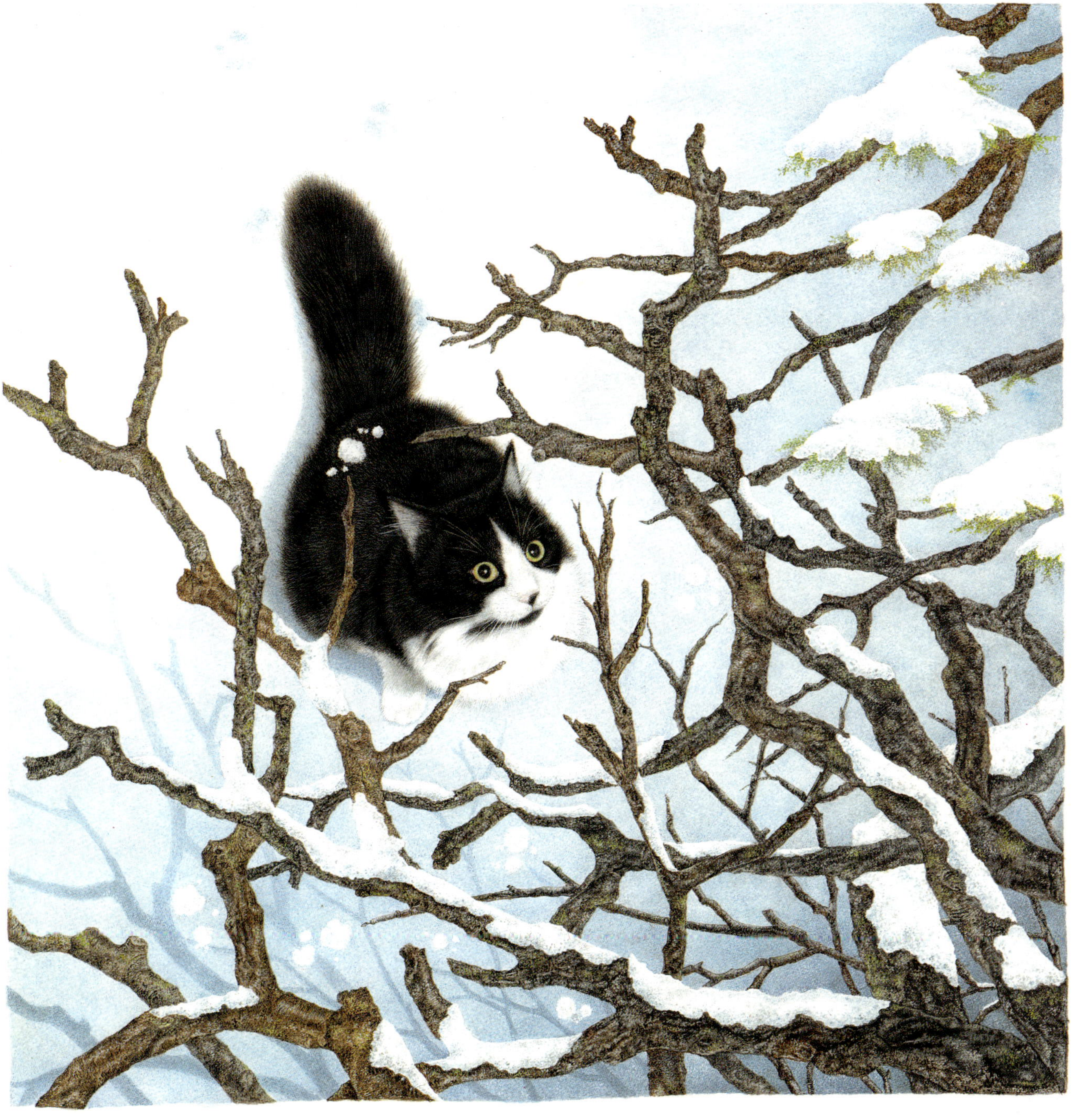

Die kleine Katze lief nicht gleich ins Haus zurück. Irgend etwas hielt sie auf. Die Nacht war ruhig und geheimnisvoll. Kein Schritt war zu hören.
War da nicht ein seltsamer Ton?
Pussy saß ganz still
und stellte ihre Ohren. Richtig!
Da hörte sie
doch aus der Ferne,
hoch über der
verschneiten Straße,
ein leises

Ding, ding, ding, ding,
klinge, klinge, klinge, ling...

Was war das? Sie hörte
etwas vorbeirauschen.

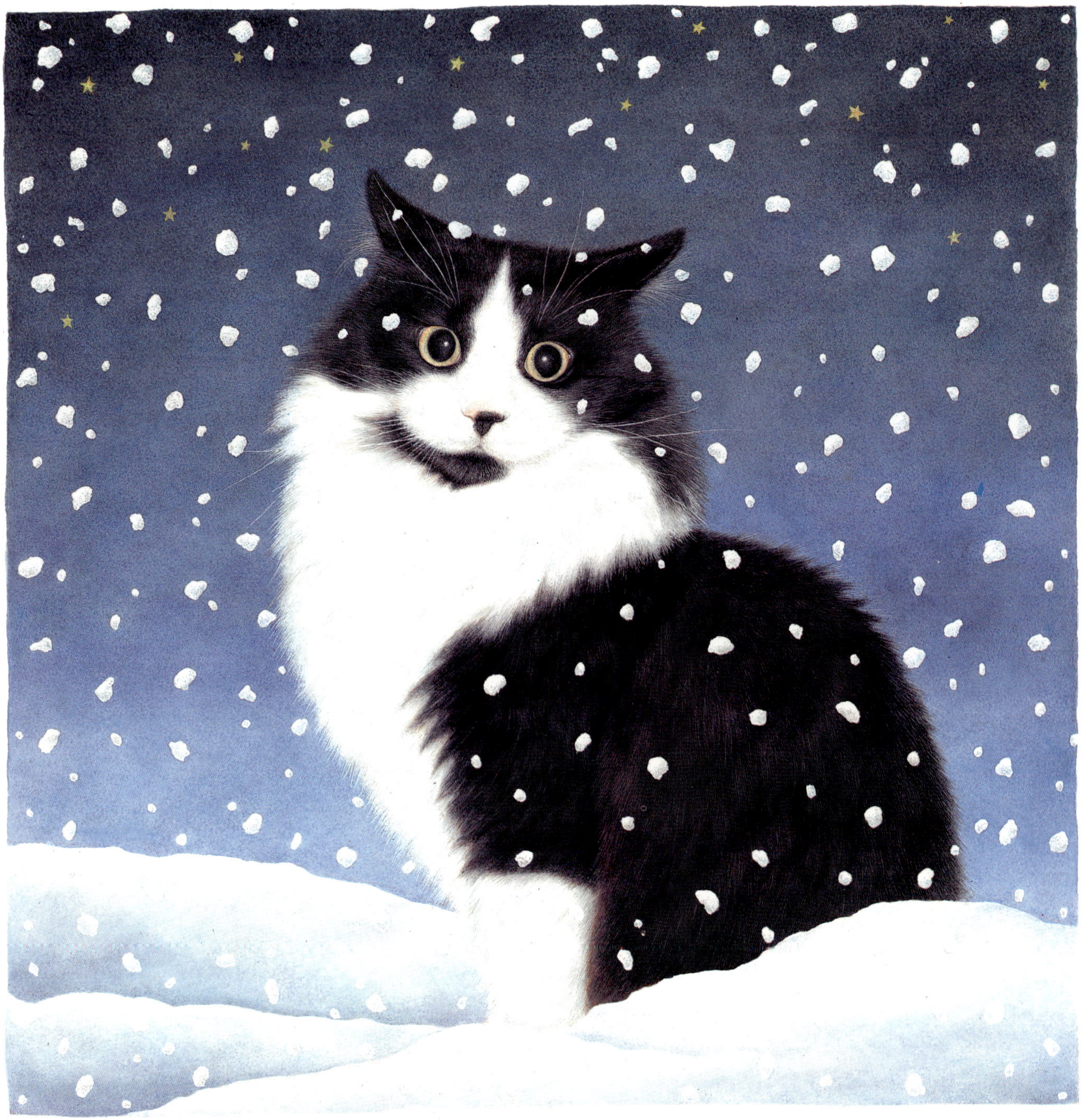

Und dann sah sie es!
Ein herrliches Schlittengespann zog vorüber.

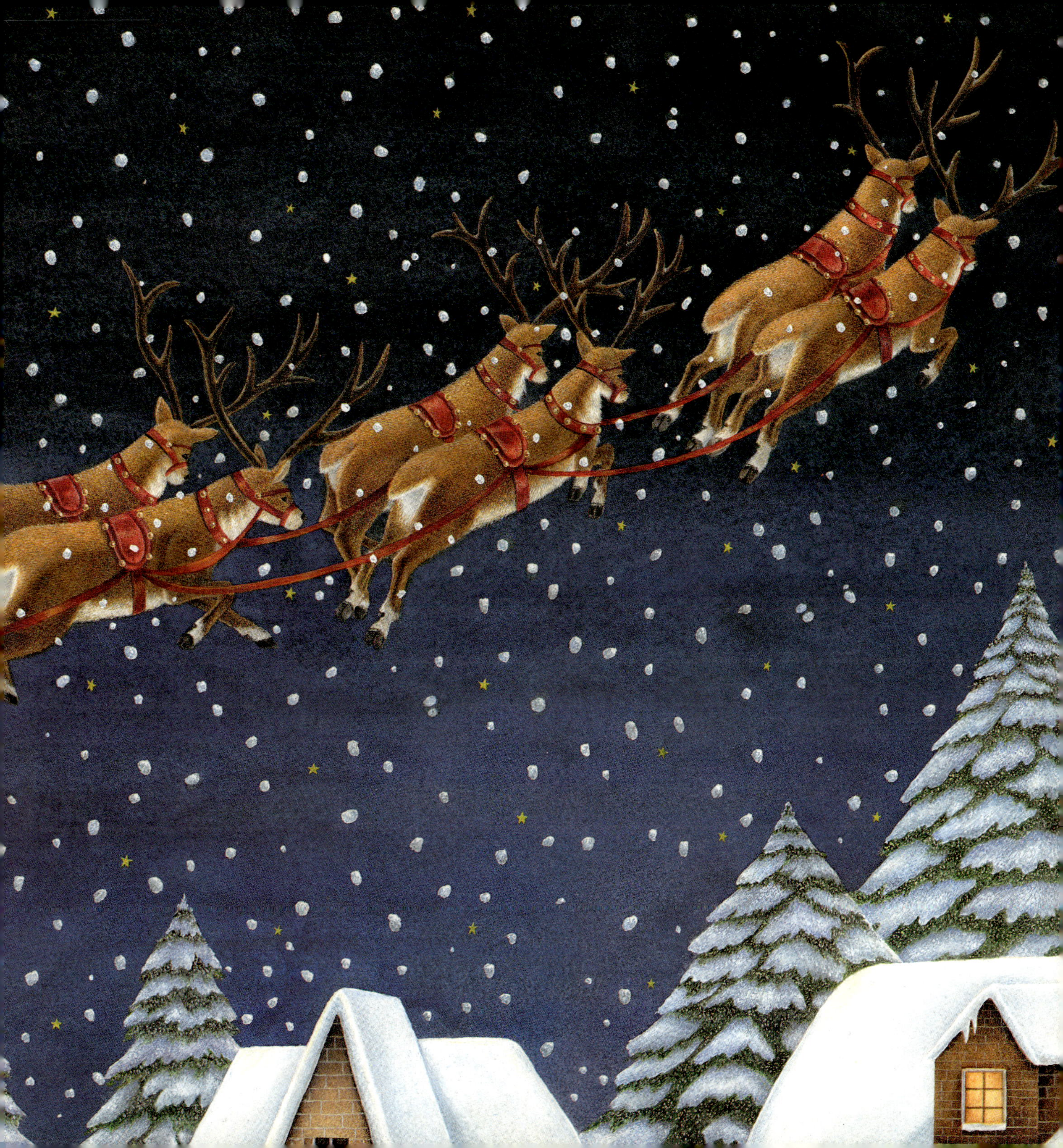

Pussy miaute und kratzte an der Fensterscheibe, bis sie Schritte hörte. Man ließ sie ins Haus, denn dort war es warm, besonders im Wohnzimmer, wohin sie schnurstracks lief. Hier roch es nach Nüssen, Rosinen, Äpfeln und Mandarinen. Doch am liebsten war ihr der Geruch des Weihnachtsbaumes. Der Baum wurde geschmückt. Geschenke wurden eingepackt. Das war ein toller Spielplatz für die kleine Katze!

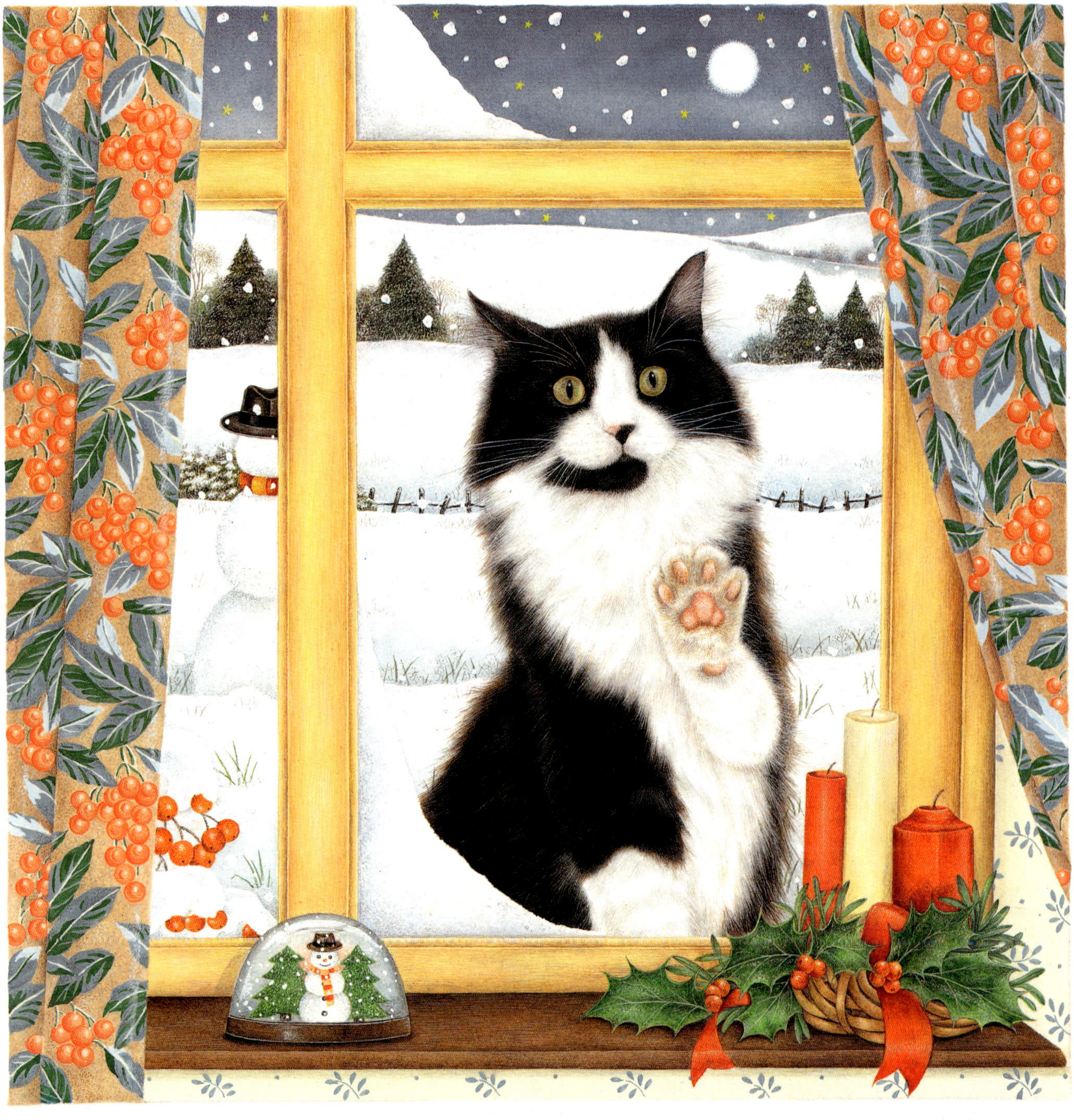

Warum?

Pussy sprang auf alles, was sich bewegte. Sie legte sich auf die Lauer, duckte sich, schlug den Schwanz hin und her und stürzte sich auf das raschelnde Papier. Sie riß die roten, blauen und grünen Schleifen von den Päckchen. Auch der Weihnachtsbaum fand ihr Interesse. Mit ihren Pfoten ließ sie die bunten Kugeln hin und her tanzen, bis eine zu Boden fiel und zerbrach.

Zu dumm!

Man setzte sie hinaus in den Hausgang.

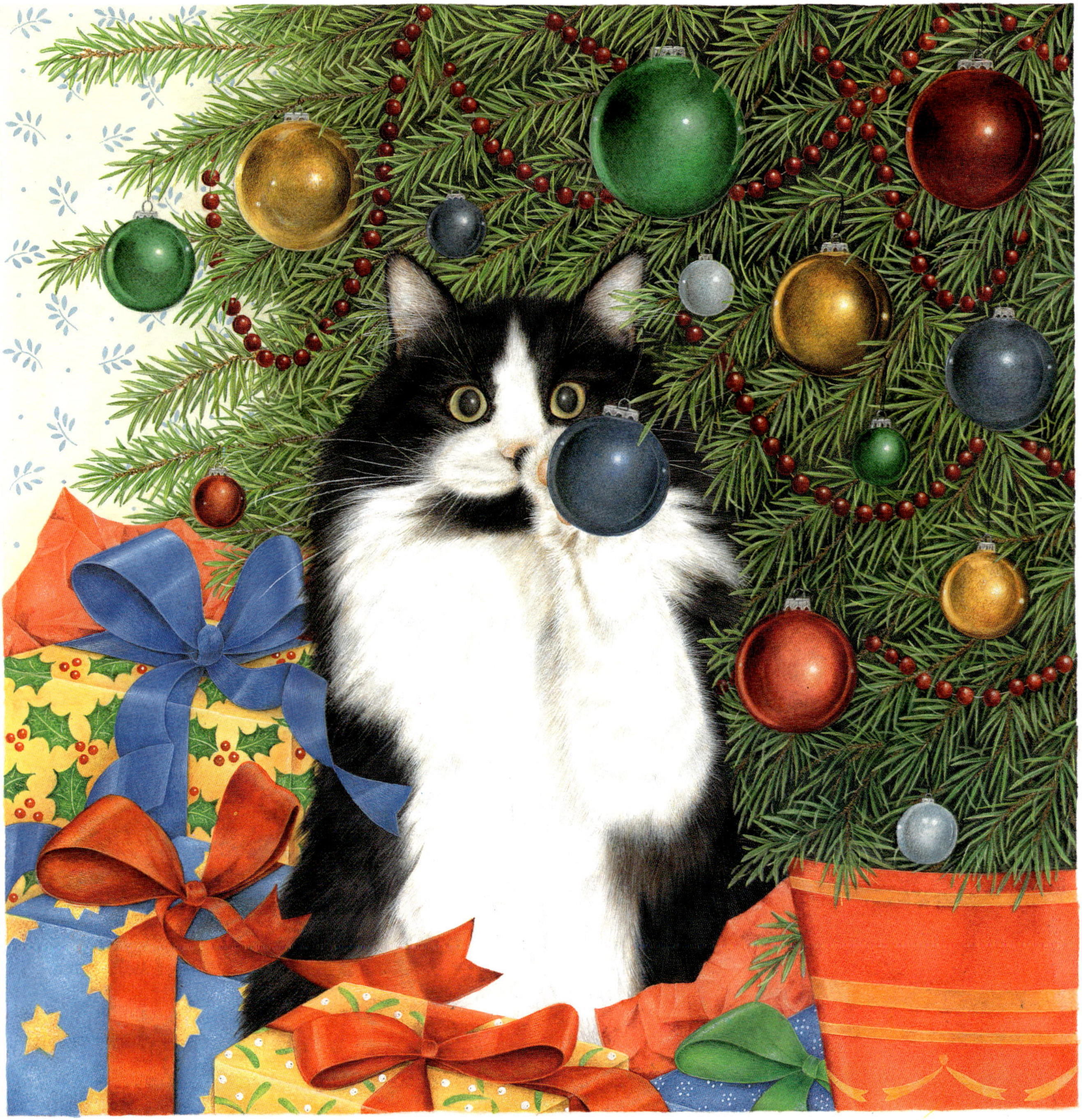

Die kleine Katze lag ganz still da, spitzte die Ohren und lauschte.
Sie hörte, wie das Feuer knisterte.
Sie hörte, wie der Pulverschnee gegen die Fensterscheibe fiel.
Und dann war da noch ein leises Klingeln, ein Plopp und ein Klirren.
Ein silbernes Glöckchen vom Christbaum mußte heruntergefallen sein!
Und gleich darauf ein

Klinge, linge, ling!

Jemand hängte ein neues Glöckchen an den Baum.

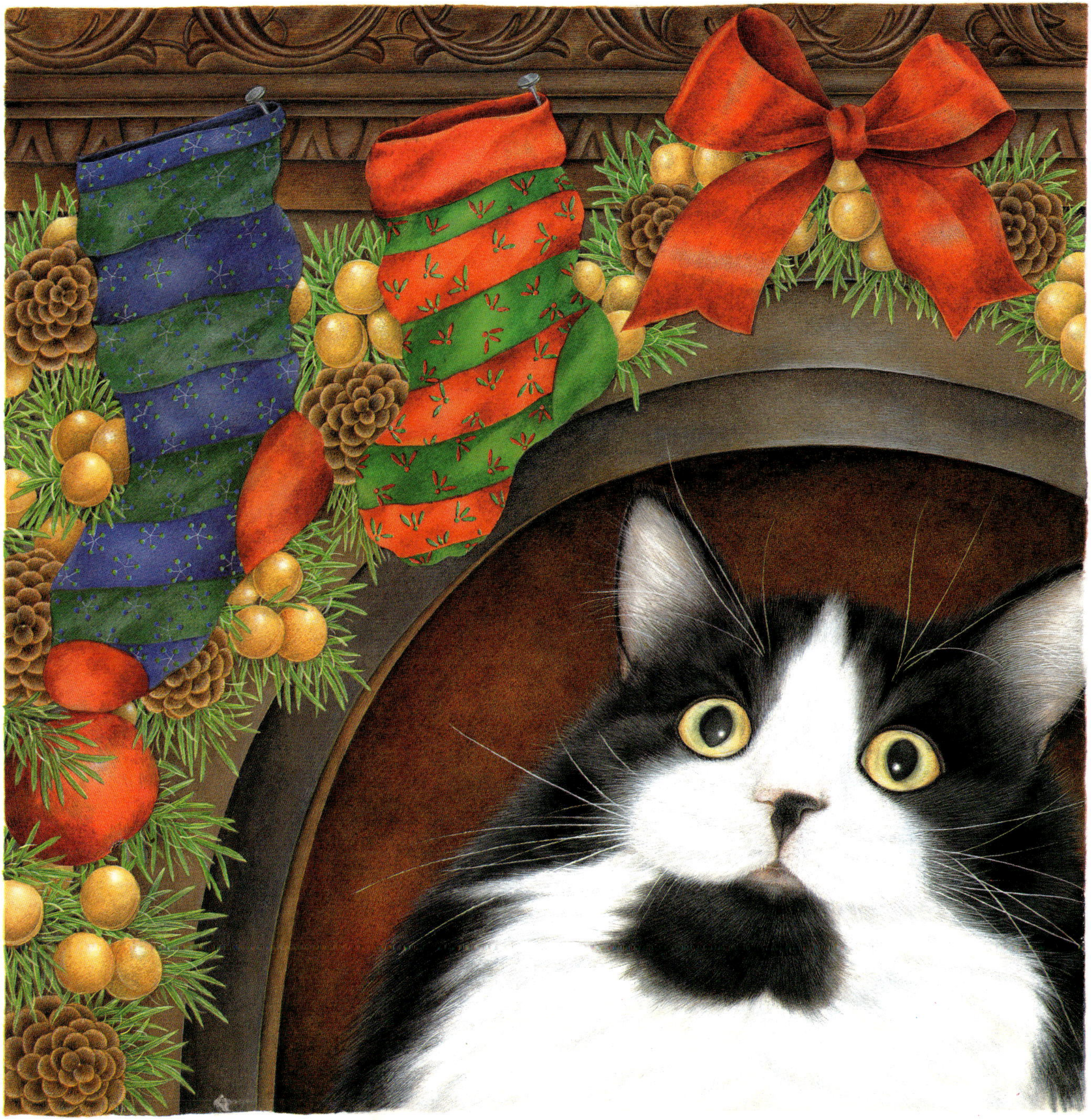

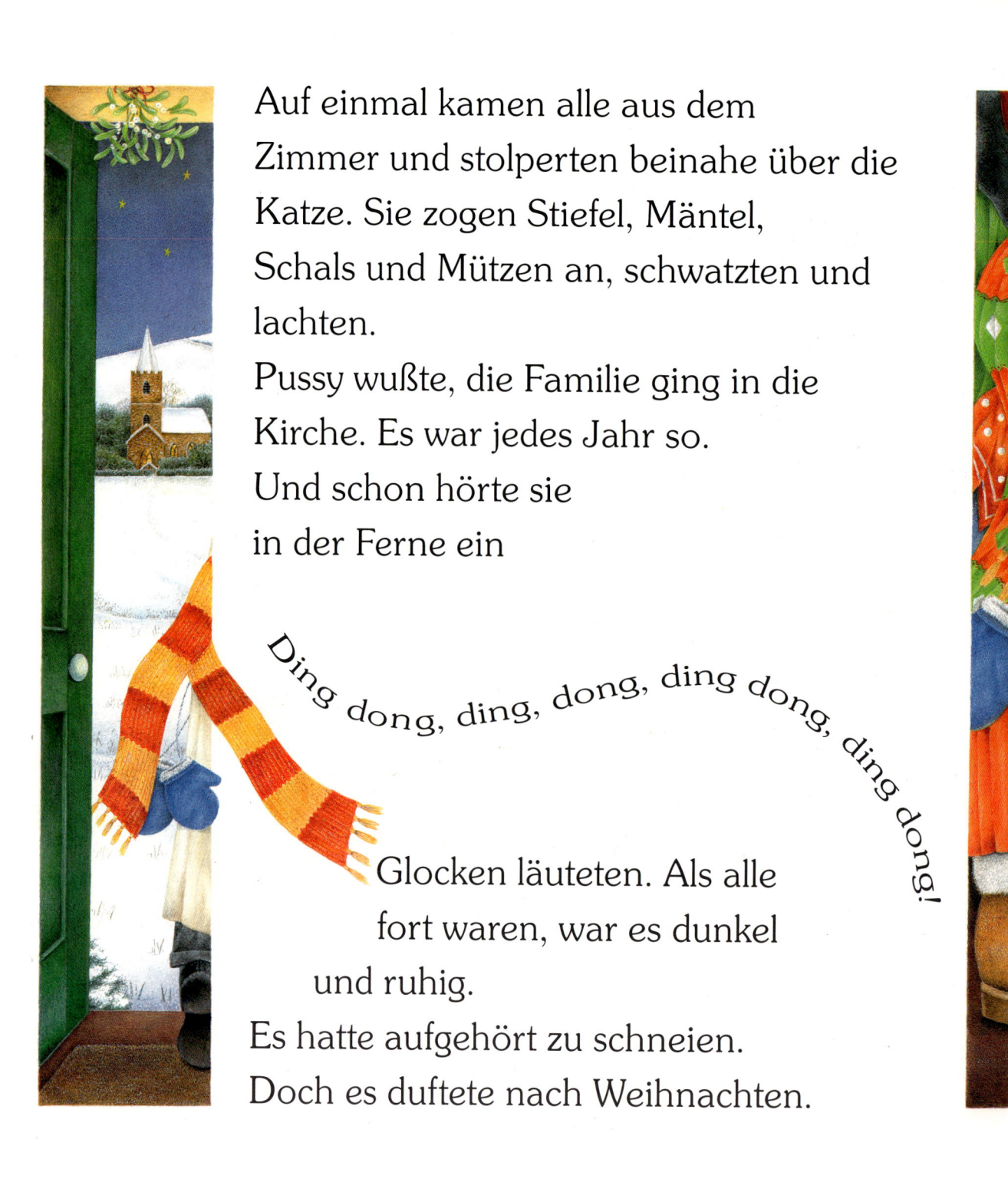

Auf einmal kamen alle aus dem Zimmer und stolperten beinahe über die Katze. Sie zogen Stiefel, Mäntel, Schals und Mützen an, schwatzten und lachten.

Pussy wußte, die Familie ging in die Kirche. Es war jedes Jahr so. Und schon hörte sie in der Ferne ein

Ding dong, ding, dong, ding dong, ding dong!

Glocken läuteten. Als alle fort waren, war es dunkel und ruhig.

Es hatte aufgehört zu schneien. Doch es duftete nach Weihnachten.

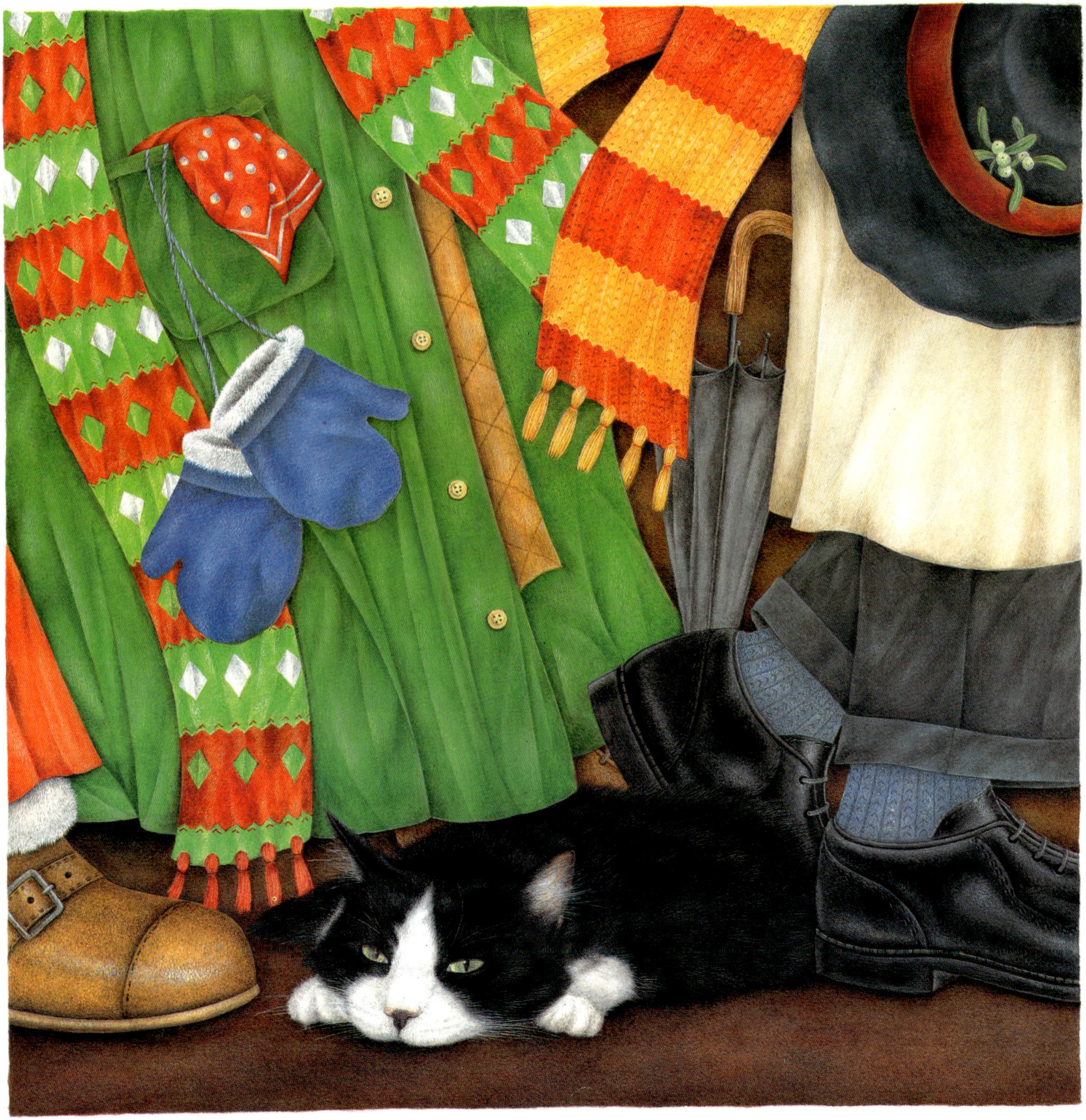

Auf einmal hörte Pussy Menschen vorbeigehen. Das mußten die Sternsinger sein. Sie konnte von weitem schon ihre Stimmen hören.
Und leise ertönte über die weiße Schneelandschaft herüber – im sanften Licht des Mondes – im Schein der glitzernden Sterne – in der Stille der Nacht die vertraute Weise:

Stille Nacht, heilige Nacht, alles schläft, einsam wacht...

Und das Kätzchen lag schnurrend am Feuer und hörte,
wie die Musik sich entfernte und leise verklang.

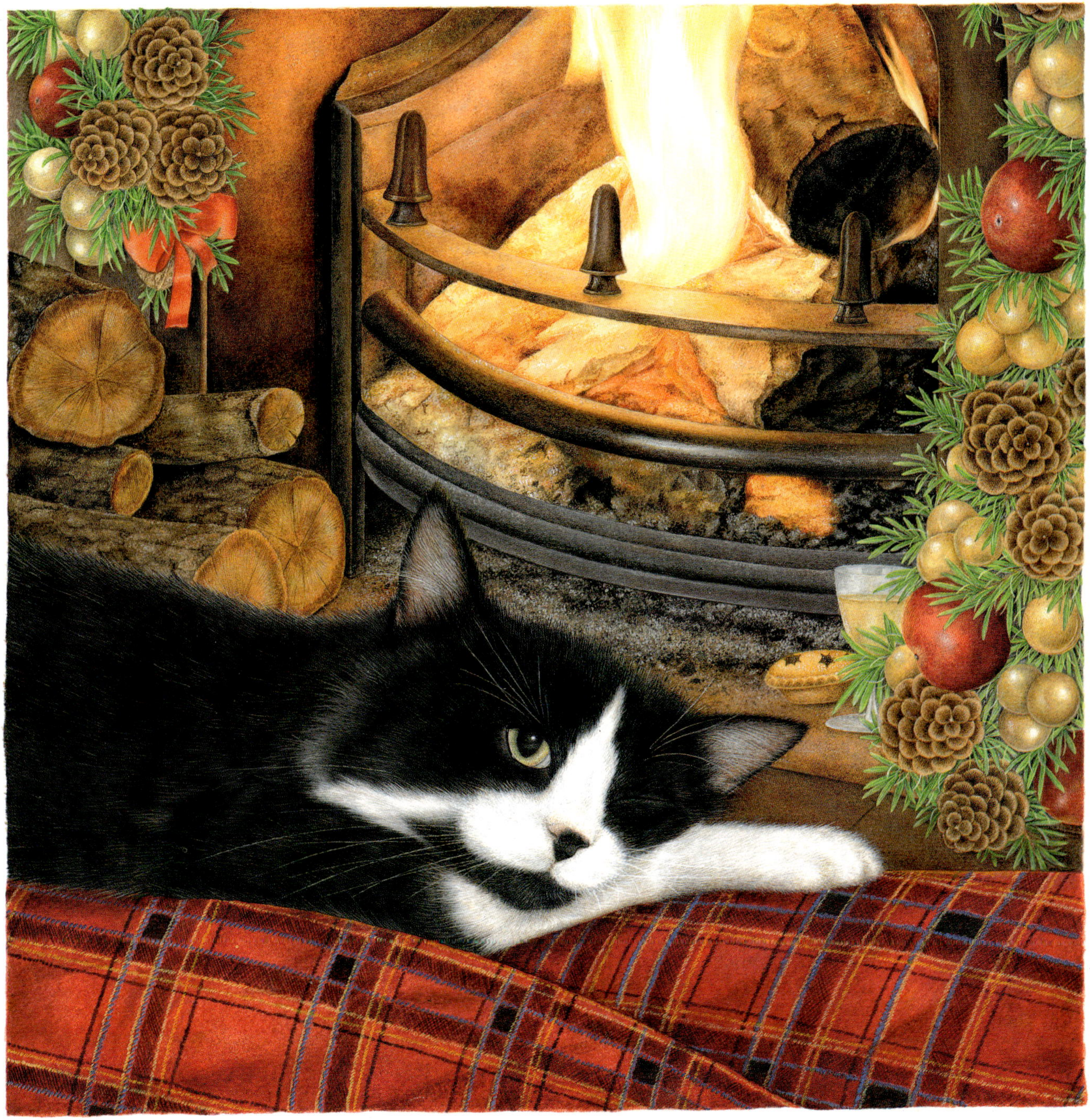

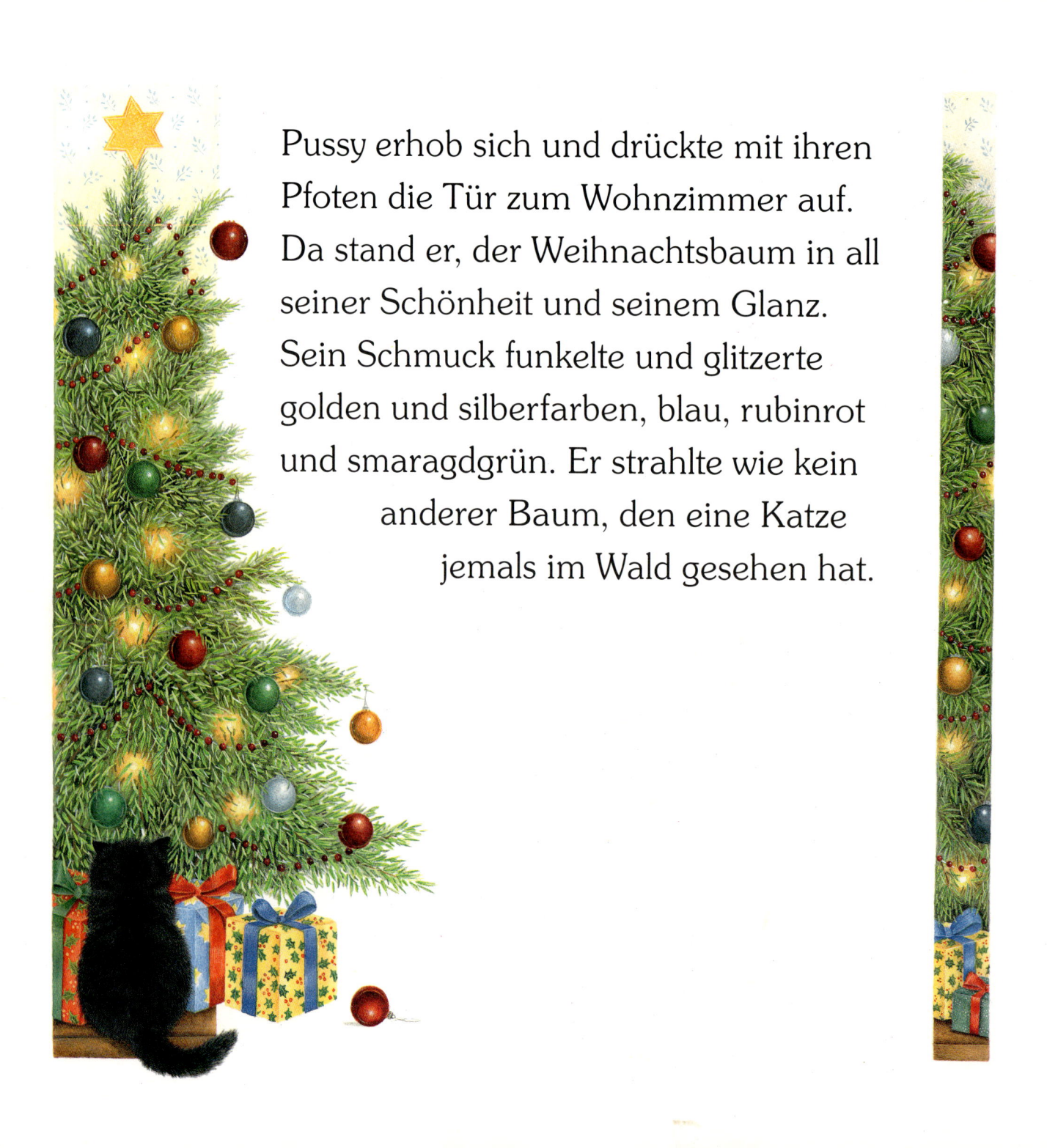

Pussy erhob sich und drückte mit ihren Pfoten die Tür zum Wohnzimmer auf. Da stand er, der Weihnachtsbaum in all seiner Schönheit und seinem Glanz. Sein Schmuck funkelte und glitzerte golden und silberfarben, blau, rubinrot und smaragdgrün. Er strahlte wie kein anderer Baum, den eine Katze jemals im Wald gesehen hat.

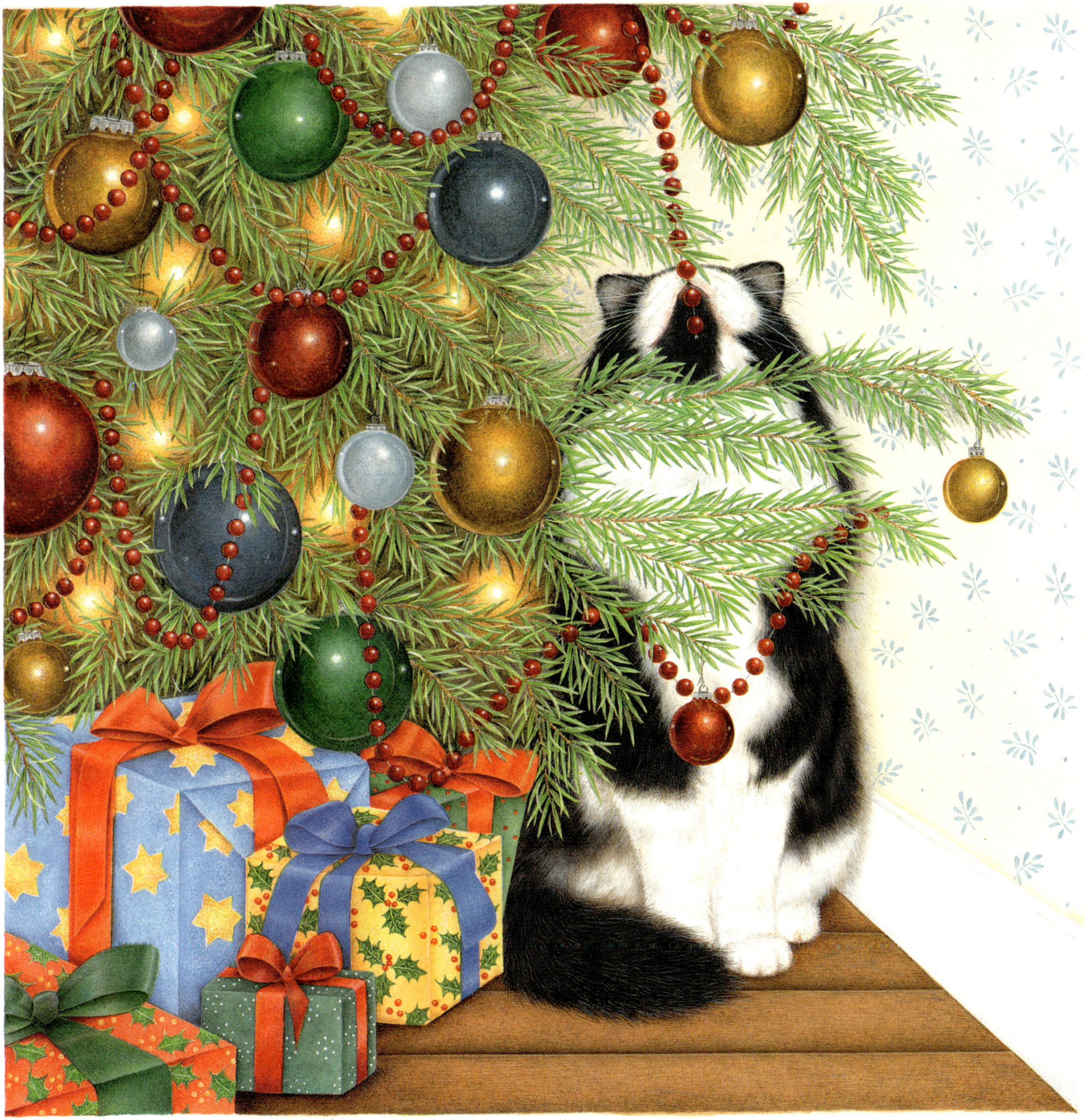

Das war Pussys Weihnachtsfest!